Viaje por la Biblia

Lois Rock

Andrew Rowland

LIBROS DESAFÍO

Contenido

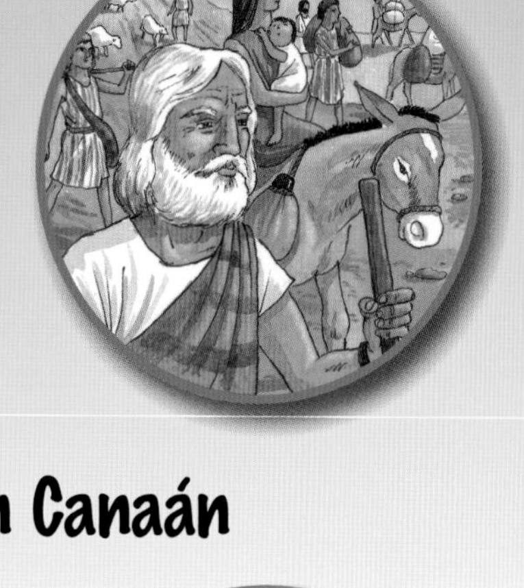

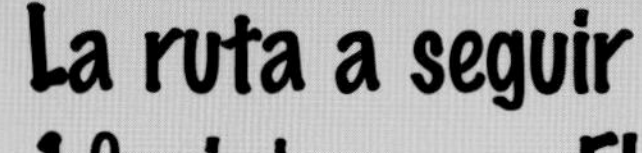
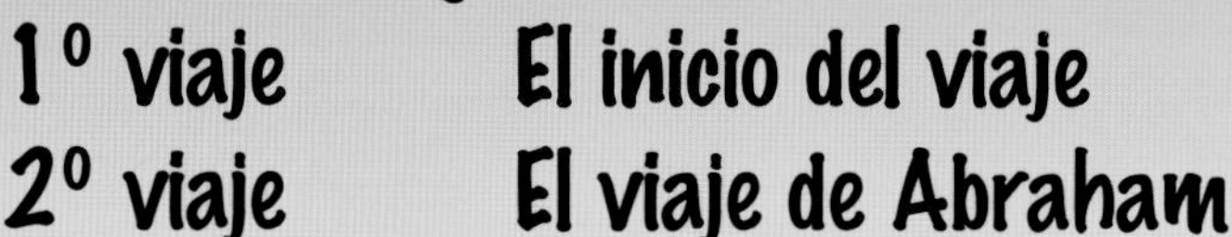

La ruta a seguir

Este libro te llevará en un viaje por el tiempo. Tendrás la oportunidad de visitar algunos de los escenarios más importantes de los tiempos bíblicos. Las historias de la Biblia son como de 2,000 a 3,000 años de antigüedad.

¿Por qué debemos ir allí?

Porque la Biblia es uno de los libros más importantes de la historia del mundo.

La primera parte contiene los libros sagrados de los judíos. La segunda parte contiene historias de Jesús, muy importantes para los cristianos. A estas historias se les llama el Nuevo Testamento y a las escrituras de los judíos se les llama el Antiguo Testamento.

Idiomas

Antiguo Testamento
La mayoría de historias fueron escritas en el idioma de los judíos, el hebreo. Las historias que Daniel vivió en Babilonia y Persia fueron escritas en arameo.

Nuevo Testamento
Jesús hablaba arameo. Pero los libros que se escribieron acerca de él fueron escritos en griego, idioma que se hablaba en muchos países de aquella época.

En la actualidad, la Biblia ha sido traducida a muchos idiomas modernos. Puedes viajar por la Biblia en español.

Para aprender
Shalom (hebreo): se usa como un saludo diario y significa «paz».
Abba (arameo): «papi»
Cristo (griego): «el rey elegido».

El inicio del viaje

Las historias de la Biblia suceden en el extremo oriental del Mar Mediterráneo. Allí se encuentra una región en forma de arco que recibe agua de grandes ríos. Era un buen lugar para campos de cultivo. También había pastos para el ganado. En esta fértil media luna suceden las historias más antiguas de la Biblia.

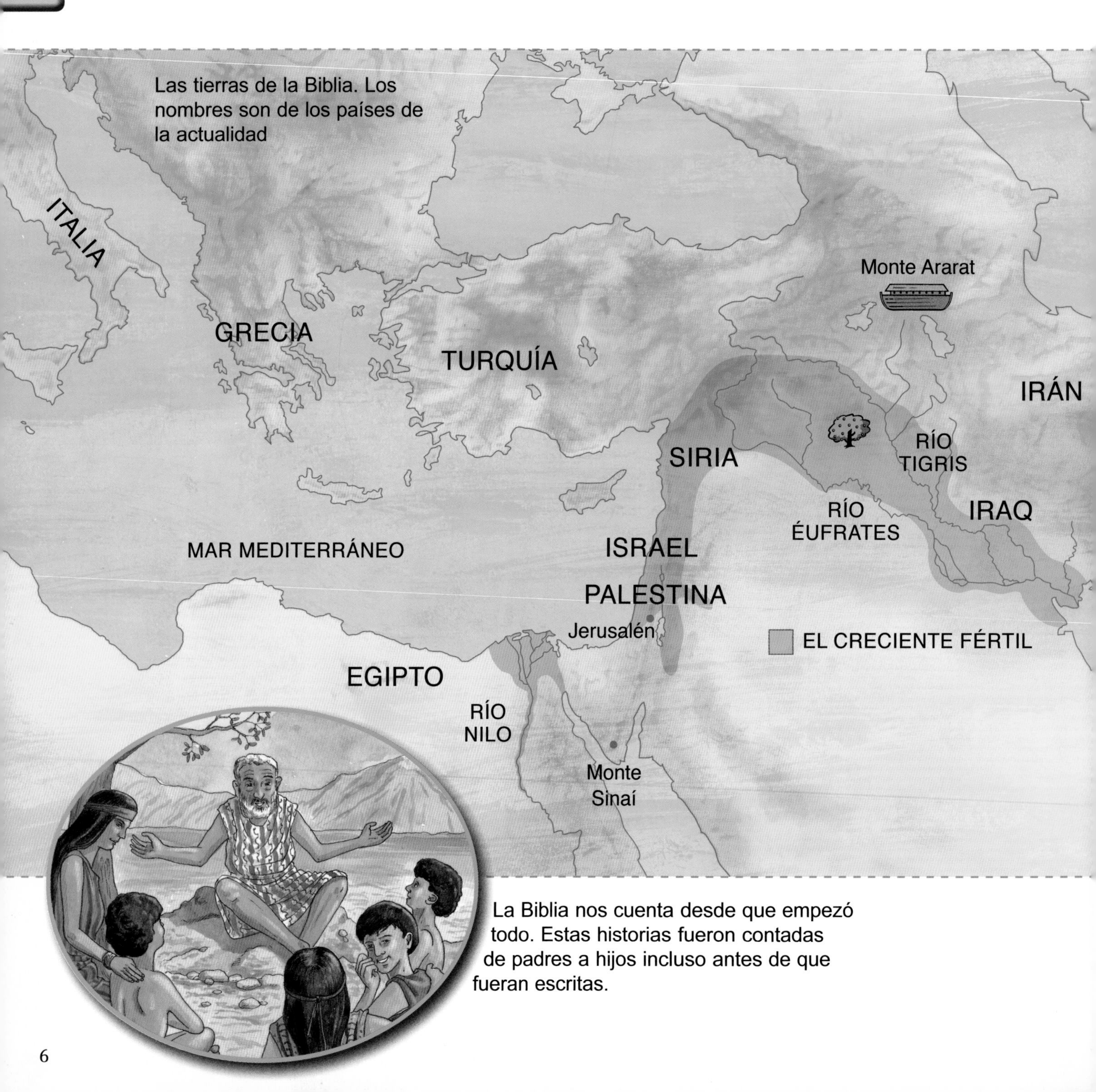

Las tierras de la Biblia. Los nombres son de los países de la actualidad

La Biblia nos cuenta desde que empezó todo. Estas historias fueron contadas de padres a hijos incluso antes de que fueran escritas.

El huerto del Edén

La historia de la creación nos dice que en el principio Dios plantó un huerto en Edén. Era regado por cuatro ríos, entre ellos el Eufrates y el Tigris.

El huerto era un paraíso donde vivían el primer hombre, Adán, y la primera mujer, Eva. La serpiente malvada tentó a Adán y Eva para que comieran del fruto prohibido. Cuando lo hicieron, dejaron que muchas cosas malas entraran en el mundo.

El arca de Noé

La historia de Noé nos habla de un gran diluvio. Dios quiso limpiar el mundo de toda la maldad y empezar de nuevo. Dios encontró un solo hombre bueno, Noé, y le dijo que construyera un gran barco para salvar a los animales. La historia nos dice que luego del diluvio el arca se detuvo sobre el Monte Ararat.

Consejos

Las tierras de la Biblia tienen veranos calientes y secos. Los inviernos son frescos y las lluvias llegan en esa estación.
A veces llueve mucho y entonces los ríos se desbordan y causan inundaciones.

A veces cae nieve.
El monte Ararat es lo suficientemente alto como para tener nieve en su cima todo el año.

El viaje de Abraham

La historia del pueblo de Israel realmente empieza con Abraham.
Abraham empieza su viaje desde la ciudad de Ur. Su padre Téraj llevó a su familia a la ciudad de Jarán. Cuando Abraham se convirtió en adulto, tuvo la convicción que Dios lo llamaba a que se fuera a Canaán y viviera allí.

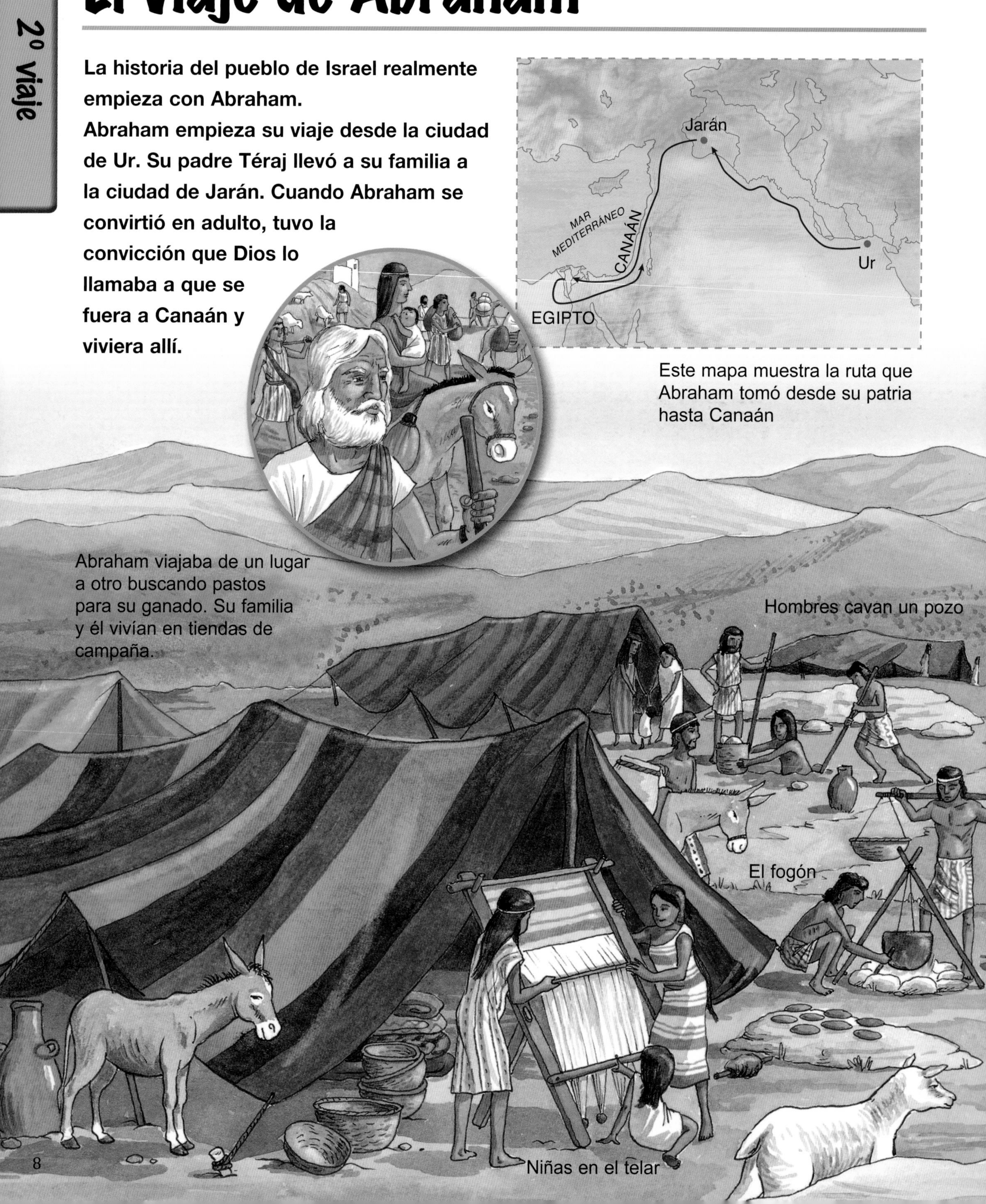

Este mapa muestra la ruta que Abraham tomó desde su patria hasta Canaán

Abraham viajaba de un lugar a otro buscando pastos para su ganado. Su familia y él vivían en tiendas de campaña.

En constante viaje

En Canaán, Abraham, su familia y su ganado vivían como nómadas. Un día hubo sequía y muy poca comida para la gente y los animales. Abraham decidió marcharse a Egipto. Luego regresó a Canaán hecho todo un hombre rico, con rebaños y ganado, y también plata y oro.

La promesa

Dios le prometió a Abraham que sería el padre de una gran nación. La gente de esta nación sería muy especial para Dios y traerían bendición a todo el mundo.

Consejos

Si quieren recorrer la ruta de Abraham tendrán que hacerlo a pie. Hay que usar sandalias o botas de cuero. Algunas veces habrá que caminar por rutas bastante conocidas y otras veces, por terrenos bastante agrestes.

Las mulas de carga se encargarán de todo lo pesado. Habrá también una carreta de bueyes para cuando alguien quiera descansar parte del recorrido.

El trigo de Egipto

Hay un gran río que atraviesa Egipto: el gran Nilo. Cada año el río inunda los campos y causa que la tierra sea fértil. Los egipcios tenían buenas cosechas y se hicieron ricos. Tenían grandes edificios llenos de tesoros. La historia de José sucede en este escenario.

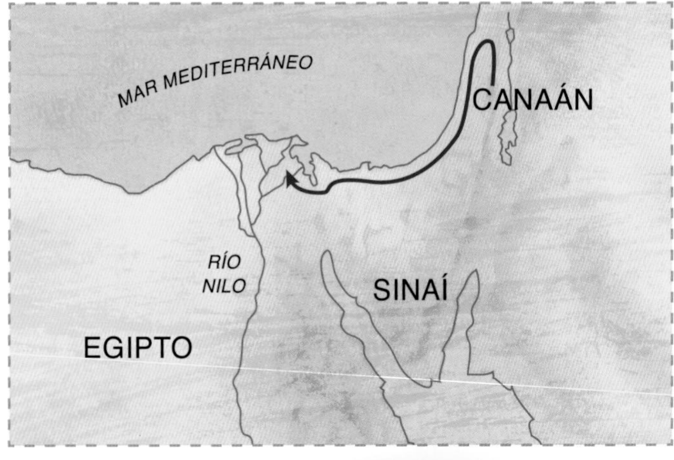

Viaje de José a Egipto

José

José era un joven destacado. Se sentía muy orgulloso de saber que era el biznieto de Abraham. Se sentía aun más orgulloso de saber que era el hijo favorito de su padre Jacob.

Jacob, conocido también como Israel, tuvo doce hijos. Diez de ellos eran mayores que José. Pese a ello, Jacob le dio a José un manto muy costoso. Con este regalo Jacob quiso decir que José era su heredero.

José presumía de haber tenido sueños en los que su madre, su padre y sus hermanos se arrodillaban delante de él.

Esta presunción causó que sus hermanos lo odiaran. Un día lo golpearon y lo vendieron a traficantes de esclavos. En Egipto lo compraron como esclavo. Luego, poco a poco se fue ganando respeto por su trabajo y lealtad. Especialmente porque José podía interpretar sueños. Estaba seguro que Dios lo ayudaba.

El manto de José era de color rojo, azul y púrpura

Consejos

Canaán se especializa en tintes púrpuras. Se fabrica a partir de un molusco de las costas. De hecho, a veces se le dice a Canaán «la tierra de la púrpura». La ropa color púrpura es muy costosa, pero es un buen recuerdo para llevar.

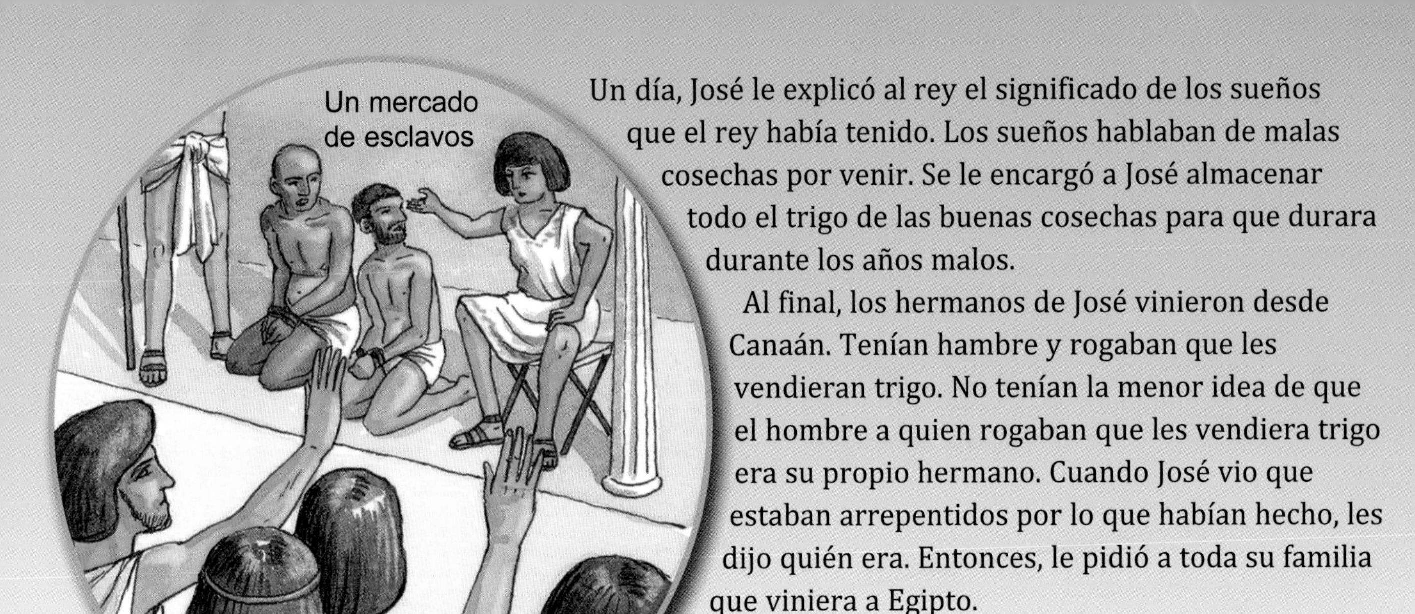

Un día, José le explicó al rey el significado de los sueños que el rey había tenido. Los sueños hablaban de malas cosechas por venir. Se le encargó a José almacenar todo el trigo de las buenas cosechas para que durara durante los años malos.

Al final, los hermanos de José vinieron desde Canaán. Tenían hambre y rogaban que les vendieran trigo. No tenían la menor idea de que el hombre a quien rogaban que les vendiera trigo era su propio hermano. Cuando José vio que estaban arrepentidos por lo que habían hecho, les dijo quién era. Entonces, le pidió a toda su familia que viniera a Egipto.

«Dios me trajo a Egipto» —les dijo. «Dios quiso que yo fuera capaz de ayudarlos ahora».

El Sinaí

El Sinaí es un desierto entre Egipto y Canaán. Es un lugar árido y polvoriento, donde hay plantas ásperas y montes rocosos. Uno de esos lugares es el Monte Sinaí. Es famoso porque fue allí donde Dios le habló al profeta Moisés.

Esclavos en Egipto

Desde los tiempos de José, los hijos de Jacob y todas sus familias vivían en Egipto. A veces los llamaban hebreos, pero ellos mismos decían que eran el pueblo de Jacob, o el pueblo de Israel.

El tiempo pasaba y también un rey tras otro. Luego apareció un rey que tenía temor de ver tanto extranjero en Egipto. Entonces, convirtió al pueblo de Israel en esclavos y los trataba mal. Los obligó a fabricar ladrillos para las espléndidas ciudades que quería construir.

Moisés y el gran escape

Dios escogió a Moisés para que los rescatara y los llevara de regreso a Canaán. Ese lugar sería su nuevo hogar. De camino hacia allá, Dios le habló a Moisés.

Dios entregó al pueblo leyes: debían amar a Dios y amar a los demás.

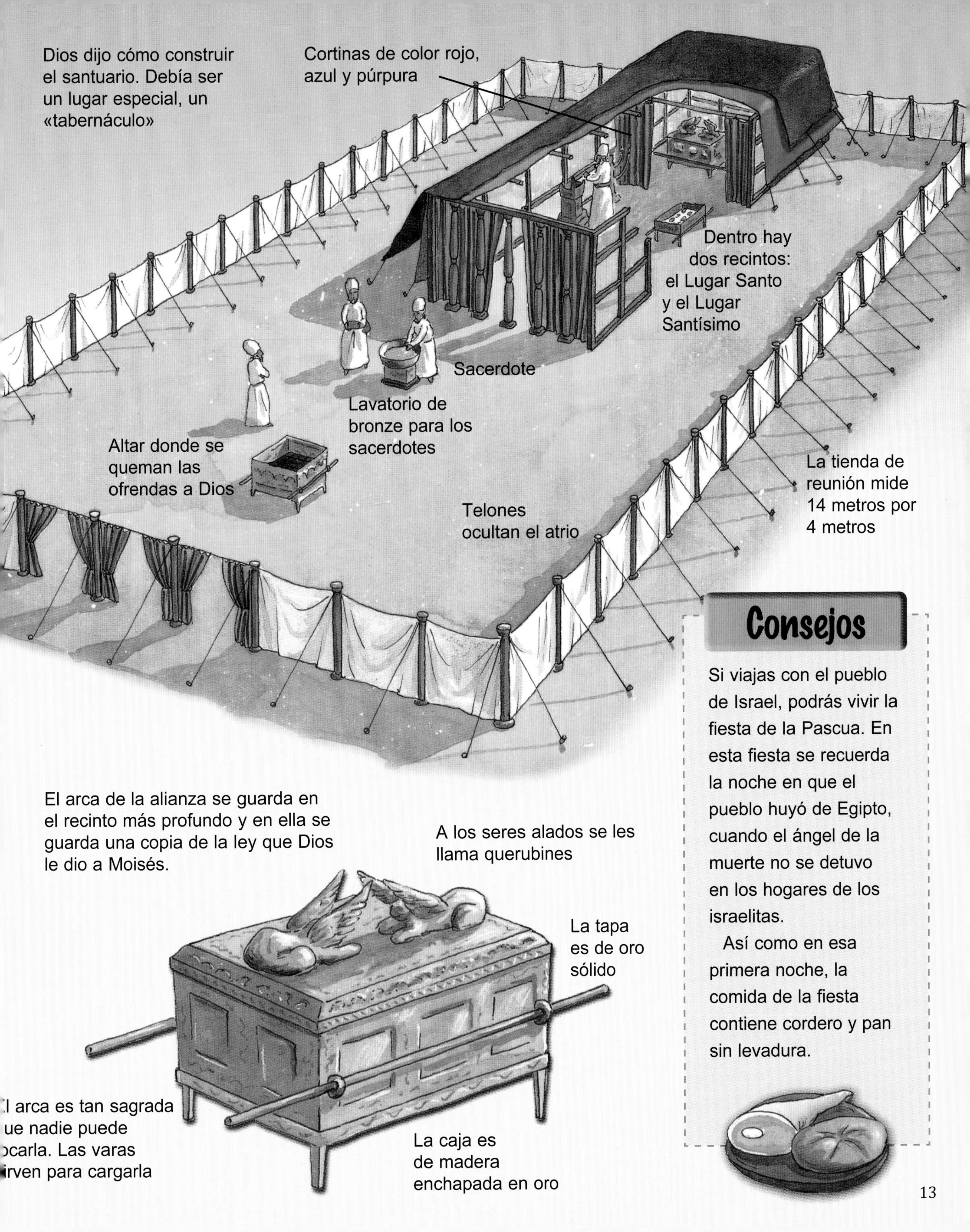

Consejos

Si viajas con el pueblo de Israel, podrás vivir la fiesta de la Pascua. En esta fiesta se recuerda la noche en que el pueblo huyó de Egipto, cuando el ángel de la muerte no se detuvo en los hogares de los israelitas.

Así como en esa primera noche, la comida de la fiesta contiene cordero y pan sin levadura.

La campiña de Canaán

La campiña de Canaán está muy ocupada todo el año.

Josué

Luego de muchos años en el desierto, Moisés llevó a su pueblo hasta el borde de la tierra de Canaán. Moisés no entró en la tierra y Josué se convirtió en el nuevo dirigente.

Los cananeos no querían ver en sus tierras a los israelitas. El primer obstáculo que Josué tuvo que enfrentar fue la ciudad amurallada de Jericó. Josué tenía la convicción que Dios le había dicho lo que debía hacer: le pidió al pueblo de Israel que se preparasen para la batalla y que marchasen alrededor de la ciudad cada día durante siete días. Luego, cuando hicieron sonar sus trompetas y gritaron con voz fuerte, las murallas cayeron.

Este milagro convenció a todo el mundo que Dios quería que el pueblo de Israel ocupará la tierra. Poco a poco la convirtieron en su hogar.

La promesa

Cuando Josué ya era viejo y la tierra ya había sido conquistada, reunió a todo el pueblo y les dijo la promesa que había hecho: «Porque mi casa y yo adoraremos al Señor nuestro Dios». Todos acordaron hacer lo mismo.

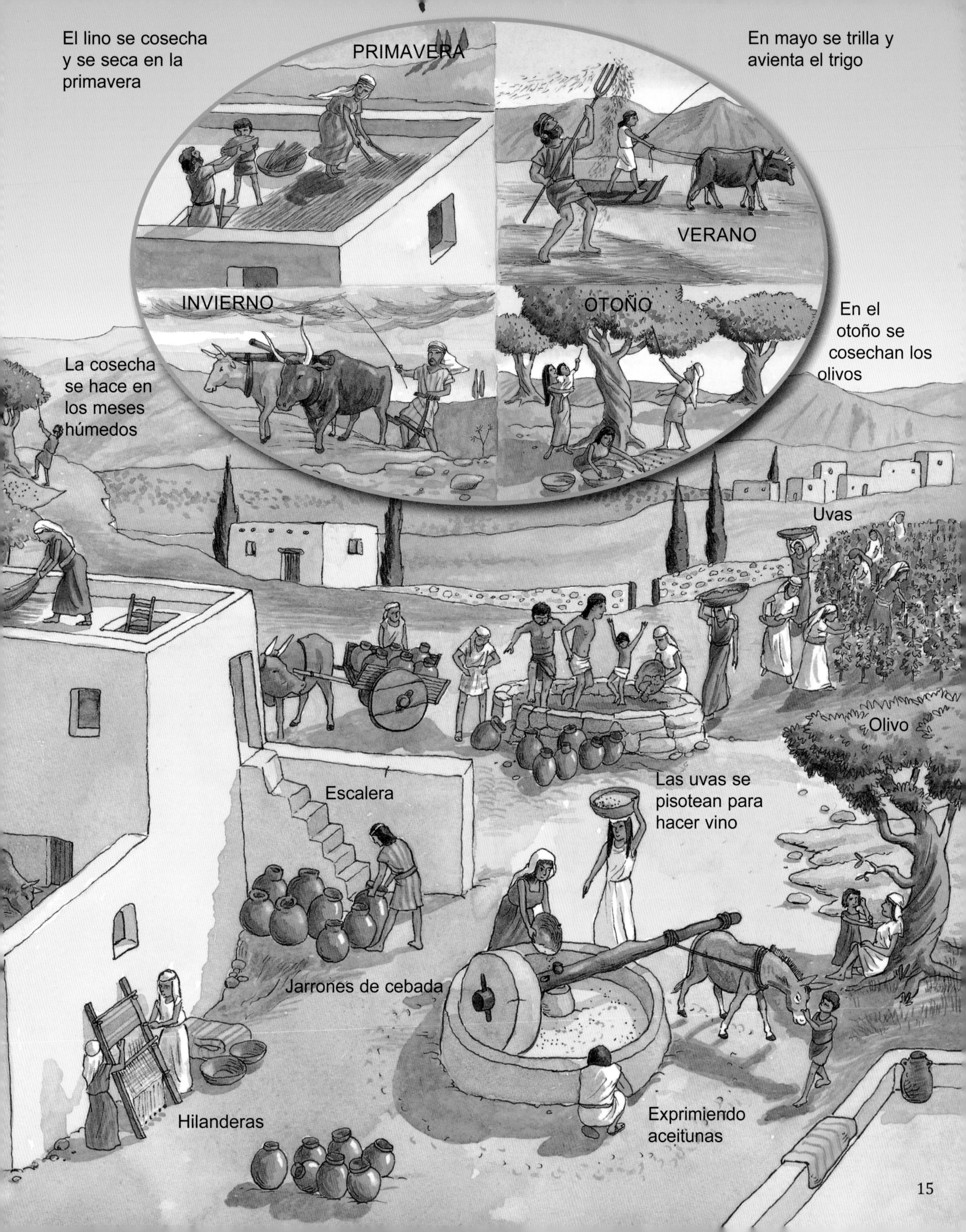
El lino se cosecha
y se seca en la
primavera
PRIMAVERA
En mayo se trilla y
avienta el trigo
VERANO
INVIERNO
OTOÑO
En el
otoño se
cosechan los
olivos
La cosecha
se hace en
los meses
húmedos
Uvas
Olivo
Las uvas se
pisotean para
hacer vino
Escalera
Jarrones de cebada
Hilanderas
Exprimiendo
aceitunas

Los filisteos

Cuando los israelitas se establecieron en Canaán se enfrentaron a muchos enemigos. Los más difíciles eran los filisteos. Estos llegaron por mar desde Creta muchos años atrás. Los egipcio los echaron de su tierra. Los filisteos tuvieron que establecerse en la costa, donde construyeron cinco ciudades.

Sansón

Los filisteos causaban muchas molestias al pueblo de Israel mientras se asentaban en la tierra. Un hombre llamado Sansón los combatió. Al nacer, Sansón fue consagrado a Dios. Dios hizo que creciera fuerte y astuto. La obra final de Sansón fue derribar un templo filisteo y morir junto con sus enemigos.

David

El tiempo pasó, pero los filisteos jamás dejaron de luchar contra el pueblo de Israel. En una ocasión incluso capturaron el arca de la alianza. Pero, tuvieron que devolverla porque sufrieron toda clase de calamidades por donde la llevaban.

Un día, los ejércitos de los filisteos y los israelitas acamparon uno frente al otro. Los filisteos enviaron a uno de sus campeones: el gigante Goliat. Llevaba armas de hierro con mucho filo y una sólida armadura.

«Si cualquiera de ustedes, israelitas, me vence, entonces ganan la batalla» —les gritó.

El valiente David era un joven pastor que fue a ver a sus hermanos, soldados del ejército. Su única arma era una honda con la que arrojaba piedras.

«Te venceré en el nombre de mi Dios» —le dijo David a Goliat.

David derribó a Goliat y ganó la batalla.

Templo donde los filisteos adoran a su dios Dagón

Consejos

Las vasijas de los filisteos son muy especiales y vale la pena verlas. Sus diseños son muy parecidos a los de Creta, lugar de origen de los filisteos. Una vasija con el diseño de un pez nos recuerda que los filisteos eran «gente del mar».

La capital: Jerusalén

David es conocido por haber derrotado al gigante Goliat. De hecho, David derrotó a todos los enemigos de su pueblo. Cuando llegó a ser rey, escogió como la capital de su reino a la ciudad de Jerusalén.

MAR MEDITERRÁNEO
CANAÁN
Siló
Jerusalén
MAR MUERTO
David estableció su ciudad en Jerusalén

Ataque por debajo de la tierra

David lanzó un ataque contra la ciudad. Pero estaba sobre un monte y pertenecía a los jebusitas. Era un ataque muy difícil. Pero, David y su ejército sabían de un secreto: había un túnel fuera que se conectaba con un pozo en el interior de la ciudad. Los soldados entraron por ese túnel y atacaron por sorpresa.

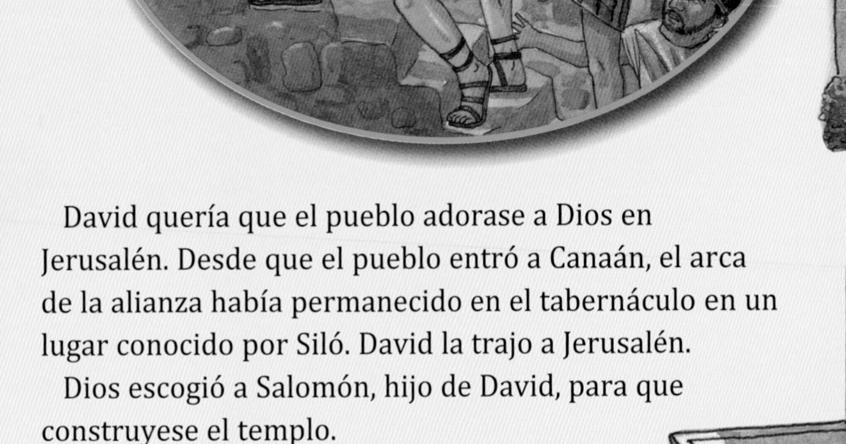

David quería que el pueblo adorase a Dios en Jerusalén. Desde que el pueblo entró a Canaán, el arca de la alianza había permanecido en el tabernáculo en un lugar conocido por Siló. David la trajo a Jerusalén.

Dios escogió a Salomón, hijo de David, para que construyese el templo.

Consejos

Verás unas procesiones espectaculares en el templo de Jerusalén. La música es alegre y fuerte, y la multitud participa en las danzas de la procesión.

El enemigo asirio

Después de Salomón, su reino fue dividido en dos: Israel y Judá. Los dos reinos lucharon contra muchos enemigos. Pero apareció el más terrible de todos los enemigos: los asirios. Todo el mundo les temía.

Nínive
ASIRIA
SIRIA
RÍO ÉUFRATES
RÍO TIGRIS
Babilonia
MAR MEDITERRÁNEO
ISRAEL
Jope
RÍO JORDÁN
Jerusalén
JUDÁ
EGIPTO

El Imperio Asirio en toda su extensión

Ataque

El emperador Senaquerib de Asiria se sentía muy confiado. Israel ya había sido derrotado. Había ya capturado algunas ciudades amuralladas de Judá. Pero, aún quedaba por conquistar el mayor trofeo: Jerusalén.

Desde el interior de Jerusalén, el rey Ezequías oraba. El ejército asirio rodeaba la ciudad. El rey sabía que su pueblo estaba atrapado. Solamente Dios los podía salvar.

Entonces, algo sorprendente sucedió. Durante la noche, miles de soldados asirios murieron. Senaquerib decidió retirar su ejército. Seguro que fue un milagro.

Jonás

El relato de Jonás ocurre en tiempo de los asirios, en su ciudad capital Nínive.

El relato sorprende a todos. Dios no desea castigar a los asirios; más bien, quiere que corrijan sus caminos. Así que se le pide a Jonás que les entregue la advertencia. Pero, Jonás no quiere y se escapa navegando el Mediterráneo hacia el otro extremo del mundo, desde Jope a Tarsis.

Un gran pez se lo traga y lo devuelve a tierra. Entonces, va y predica al rey y al pueblo. Para sorpresa suya, se arrepienten de sus malas obras. Y Dios los perdona.

Consejos

¡Aprende de la historia de Jonás y evita tomar viajes por mar sin consultar el estado del tiempo! Las tormentas en el mar que ahora se llama Mediterráneo pueden ser muy peligrosas.

Por los ríos de Babilonia

Babilonia fue la capital de un gran imperio. Sus ejércitos derrotaron a los asirios. En el año 597 A.C. el rey babilonio Nabucodonosor II conquistó Jerusalén. Diez años más tarde destruyó la ciudad y su templo, y se llevó mucha gente de Judá a vivir a Babilonia. Los de Judá comenzaron a ser conocidos como judíos.

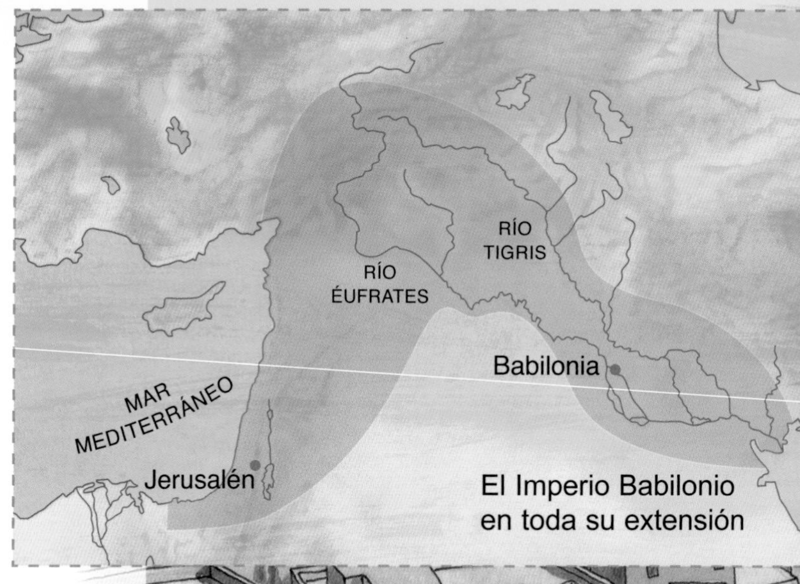

El Imperio Babilonio en toda su extensión

El horno de fuego

Un día el rey Nabucodonosor dijo a sus obreros: «Constrúyanme una estatua. Que sea una estatua de oro del dios de los babilonios. Y colóquenla a la entrada de la ciudad». Tres jóvenes judíos miraban al ídolo. «No nos arrodillaremos delante de ese ídolo» —dijeron. «Confiamos solamente en nuestro Dios».

«¡Que preparen un horno para quemarlos!» —ordenó Nabucodonosor. «¡Arrójenlos al fuego!». Al horno cayeron Sadrac, Mesac y Abednego.

¿Pero qué era eso que se movía allí? Un ángel se movía en medio del fuego y protegía a los hombres.

El rey mismo se dio cuenta que el Dios de los judíos era realmente el más grande Dios de todos.

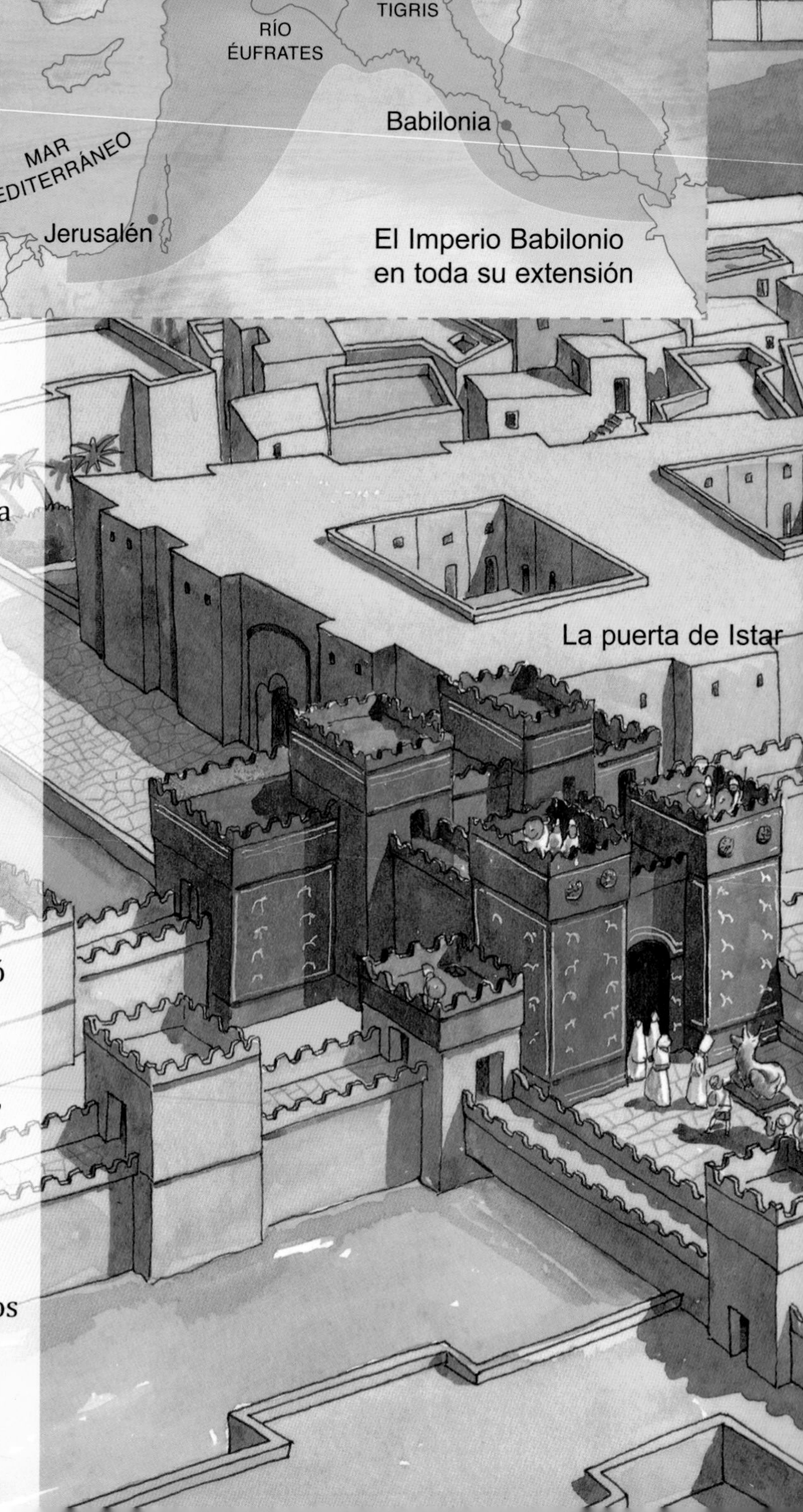
La puerta de Istar

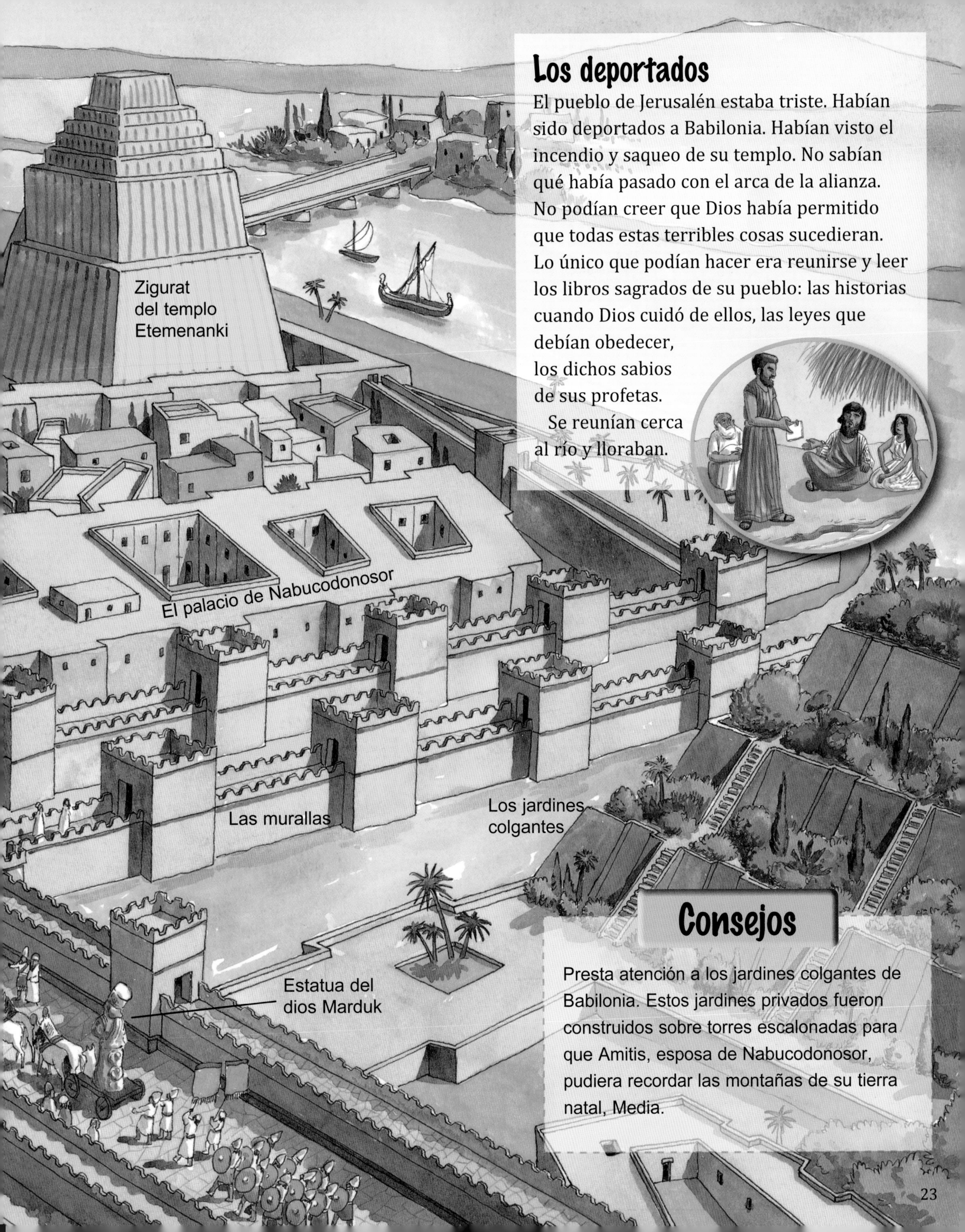

Los deportados

El pueblo de Jerusalén estaba triste. Habían sido deportados a Babilonia. Habían visto el incendio y saqueo de su templo. No sabían qué había pasado con el arca de la alianza. No podían creer que Dios había permitido que todas estas terribles cosas sucedieran. Lo único que podían hacer era reunirse y leer los libros sagrados de su pueblo: las historias cuando Dios cuidó de ellos, las leyes que debían obedecer, los dichos sabios de sus profetas.

Se reunían cerca al río y lloraban.

Consejos

Presta atención a los jardines colgantes de Babilonia. Estos jardines privados fueron construidos sobre torres escalonadas para que Amitis, esposa de Nabucodonosor, pudiera recordar las montañas de su tierra natal, Media.

La corte real de Persia

Babilonia no duró mucho tiempo. Sus emperadores solo pensaban en riquezas y banquetes. Pero los persas se alistaban para la guerra. Derrotaron a Babilonia y capturaron un gran imperio.

El emperador de Persia sabía que debía mantener a sus súbditos contentos. Entonces, permitió que los judíos regresen a sus hogares. Poco a poco reconstruyeron Jerusalén y un nuevo templo.

El Imperio Persa en toda su extensión

Daniel y los leones

Daniel era un judío que fue llevado a Babilonia cuando Jerusalén fue destruida. Llegó a ser un funcionario de confianza en el gobierno. Cuando los persas tomaron el poder, el nuevo gobernante Darío lo ascendió a un rango mayor.

En la corte, sus enemigos juraron matarlo. Sabían que Daniel era un hombre lleno de fe y de oración. Engañaron al rey para que lo castigase por orar. Daniel fue echado en el foso de los leones.

El rey pasó una mala noche pensando en Daniel. En la mañana, corrió hacia el foso.

Por un milagro de Dios, Daniel estaba vivo. «Mi Dios ha enviado un ángel para salvarme de los leones» —respondió Daniel.

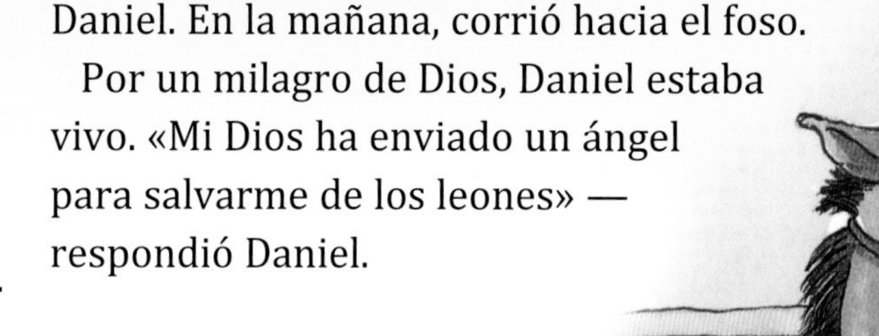

Consejos

En Persia, cazar leones es un deporte popular... ¡pero solamente para los valientes y los que tienen mucho dinero!

La reina Ester

Ester era una mujer judía que fue elegida para ser la reina del rey persa Jerjes. Entonces, Amán, funcionario del rey, tramó un plan para matar a todos los judíos del imperio. Mardoqueo, primo de Ester, le advirtió a ella lo que estaba por suceder y le rogó que intervenga.

Con valentía y sin invitación, Ester se dirigió hacia el trono del rey. Pidió reunirse con él y le informó acerca de la maldad de Amán. Fue así que pudo revelar el plan y salvar a su pueblo.

En uno de los palacios de la antigua Persépolis, gente de distintas naciones llega con obsequios para los reyes persas

Un rincón del imperio

Por cientos de años los judíos fueron dominados por imperios más poderosos. Los asirios fueron los primeros, luego los babilonios y los persas. Luego, los ejércitos de los griegos dominaron todo. El idioma griego se convirtió en el idioma de un imperio muy grande.

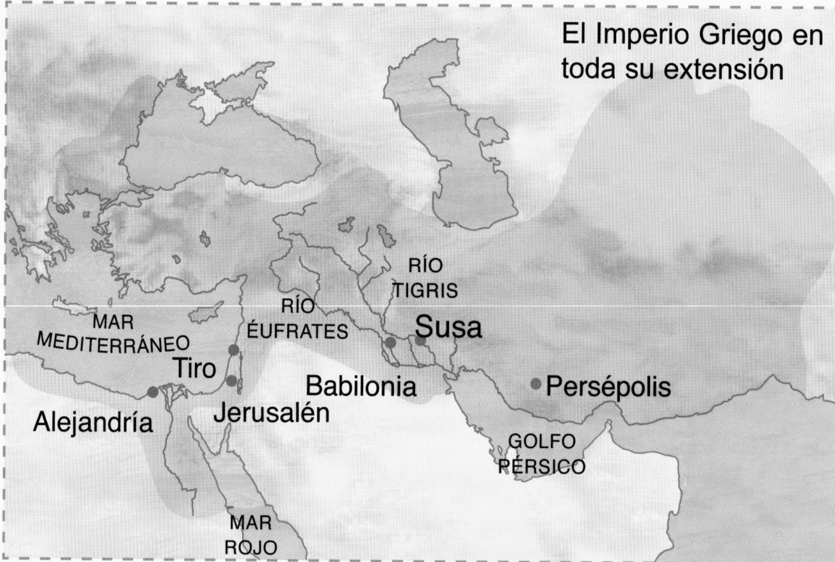

Los libros de los judíos cuentan algunas historias del tiempo de los griegos. Los judíos se sentían frustrados y desanimados porque los obligaban a seguir la religión y las costumbres griegas. A veces se rebelaban.

Sobre todo, empezaron a prestar más atención a lo que sus profetas les decían. Durante mucho tiempo les habían dicho que un día vendría un nuevo dirigente como los grandes reyes de antaño: un rey que Dios escogería —un «mesías».

Tenían la esperanza de ver a este mesías cuando una vez más otro pueblo toma el poder: los romanos. Este imperio era más grande y poderoso que todos los anteriores.

El emperador romano elegía quiénes debían gobernar los distintos lugares. Uno de los gobernantes de los judíos fue un hombre llamado Herodes, apodado «el Grande». Fue un hombre cruel pero también muy astuto. Pensó que la mejor manera de lograr que los judíos lo admiraran era volver a construir el templo.

El Imperio Romano en toda su extensión

ITALIA
Roma
ASIA
RÍO ÉUFRATES
MAR MEDITERRÁNEO
Jerusalén
EGIPTO
RÍO NILO

Consejos

Así como en todos los lugares sagrados, los devotos y los turistas deben saber respetar el templo judío. Los gentiles, es decir, todos los que no son judíos, podrán entrar solamente hasta el patio real del templo. Cualquiera que viole la ley se enfrentará a la pena de muerte.

La guarnición romana en
la fortaleza Antonia
El templo de Herodes
Sumo
sacerdotes
sacerdotes
ofrecen
sacrificios
comerciantes
de animales
Las mujeres
solo entran
hasta aquí
El patio
real

El camino a Belén

Un día el emperador romano Augusto anunció un nuevo decreto. Quería saber cuántas personas vivían en el imperio, es decir, un censo. Y con con este censo sabría cuánto impuesto exigirles.

Todos debían regresar a sus pueblos donde nacieron.

En la Biblia, el libro de Lucas dice que fue por causa de esto que una joven pareja conocida por José y María viajaron desde Nazaret en Galilea hasta Belén. Este pequeño pueblo sobre una colina era ya famoso por haber sido el lugar donde había nacido el rey David. La familia de José descendía directamente de David.

El niño en el pesebre

Belén estaba repleta de gente. Los amigos de José no podían ayudarlo. María y José no les quedaba otra opción que un establo para animales. Seguro que el establo era una cueva. El pesebre quizás era un hueco en la roca, en donde María puso al niño Jesús.

Esa noche, ángeles aparecieron a los pastores. Les dijeron que el mesías, el rey escogido por Dios había nacido. Les dijeron que fueran a verlo en un pesebre. Los pastores encontraron a Jesús.

Los sabios

El libro de Mateo dice que, cuando Jesús nació, alguno estudiosos que examinaban el cielo de la noche notaron que una nueva estrella había aparecido. Creyeron que era la señal del nacimiento de un nuevo rey de los judíos.

Fueron a ver a Herodes en Jerusalén. El rey se enfureció cuando supo que había otro rey rival y quería matarlo.

Pero, los consejeros de Herodes dijeron a los sabios que fueran a Belén, en donde encontrarían a Jesús.

Un ángel les advirtió a los sabios que no regresaran donde Herodes.

José y toda su familia escaparon de la furia de Herodes hacia Egipto.

Consejos

Mucha gente que viaja se hospeda con familiares. Algunas familias pueden ofrecer una habitación a los que no son parientes. En algunos casos, la «habitación» es tan solo un lugar para dormir sobre el techo

Nazaret

José y María llevaron a Jesús a Nazaret, en Galilea. Allí creció. Nadie pensaba que Jesús era una persona fuera de lo común. Creían que él era sencillamente el hijo del carpintero.

El taller del carpintero

José le enseñó a Jesús un oficio para que pudiera vivir de ello. Aprendió a trabajar con madera, a fabricar y reparar cosas como el yugo de los bueyes, los trillos y los arados. También aprendió a construir casas.

carpintero y constructor

En el colegio

Así como todos los niños judíos, Jesús fue al colegio. Al profesor se le decía rabino. Los niños aprendían a leer y a escribir. Era importante que ellos supiesen leer las escrituras.

Los hombres y jóvenes se sientan a un lado

El aula

El sábado

Cada semana, en el día de descanso, todos se reunían en la sinagoga. Los hombres adultos se turnaban para leer las escrituras. El rabino les explicaba el significado.

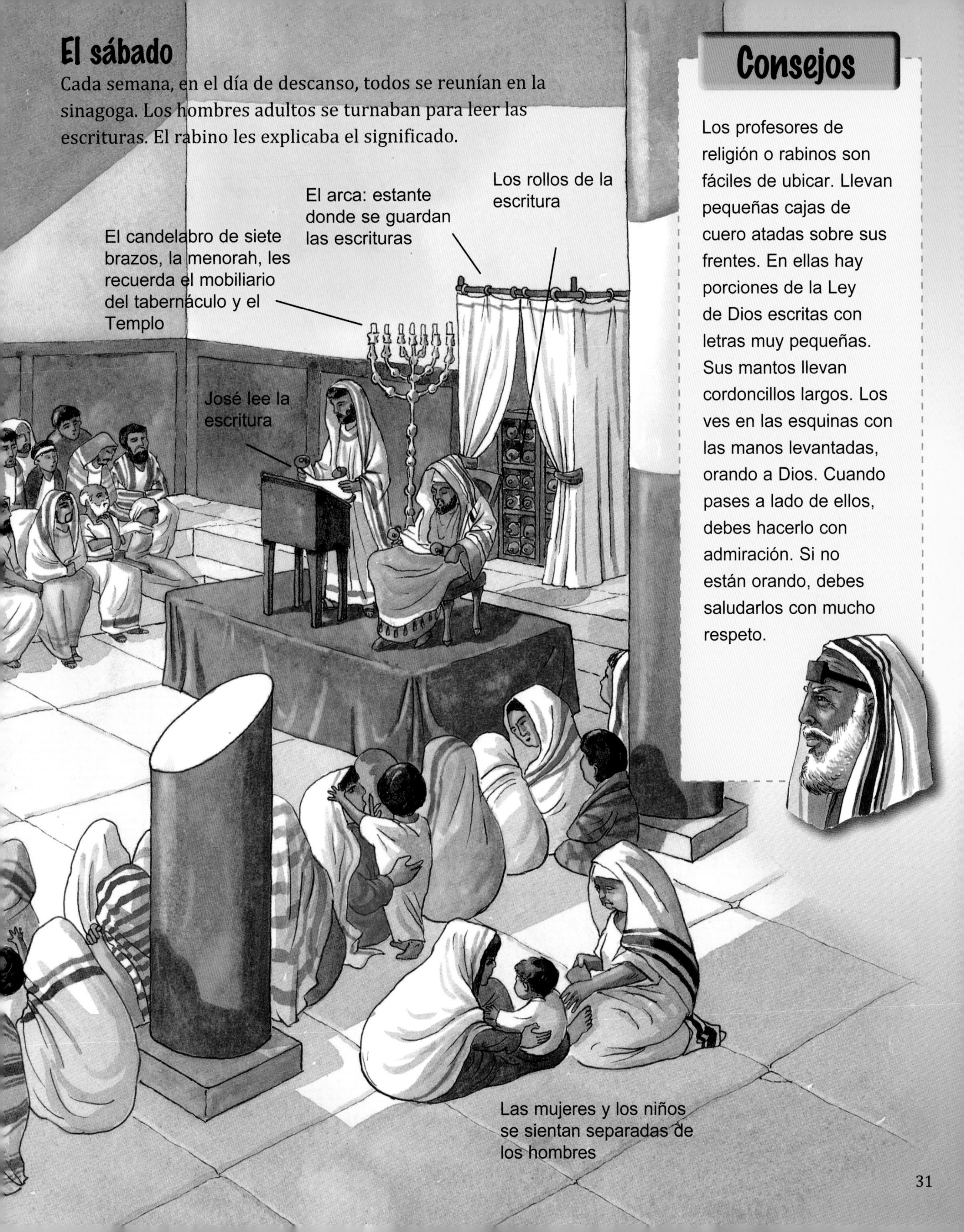

Consejos

Los profesores de religión o rabinos son fáciles de ubicar. Llevan pequeñas cajas de cuero atadas sobre sus frentes. En ellas hay porciones de la Ley de Dios escritas con letras muy pequeñas. Sus mantos llevan cordoncillos largos. Los ves en las esquinas con las manos levantadas, orando a Dios. Cuando pases a lado de ellos, debes hacerlo con admiración. Si no están orando, debes saludarlos con mucho respeto.

Un día de pesca en Capernaúm

Cuando Jesús ya era todo un hombre, tomó una decisión importante. Se volvió predicador. La gente empezó a llamarlo «Rabí».

El pueblo de Nazaret no se dejaba impresionar. «¡Pero si tan solo es el hijo del carpintero!» —decían. No querían oír su mensaje, así que Jesús se marchó a Capernaúm. Era una villa de pescadores a las orillas del mar de Galilea. Jesús se hizo amigo de algunos pescadores del lugar.

Jesús y sus amigos pescadores

Cuatro discípulos

Un día, Jesús se encontraba predicando a orillas del lago. Había dos barcas de pescadores en la playa. Jesús se subió a una de ellas y le pidió al dueño, Simón, que empujara la barca hacia el mar. Entonces, la gente se acercó y se sentó en la playa. Todos podían ver a Jesús en la barca y oír lo que les decía.

Cuando la gente se marchó, Jesús le dijo a Simón y a los otros tres que navegaran mar adentro.

«No pescaremos nada» —le dijo Simón. «Ya hemos tratado toda la noche».

Pero obedecieron a Jesús y pescaron muchos peces. Entonces supieron que Jesús no era una persona común.

«Síganme» —les dijo Jesús. «Quiero que me ayuden a pescar gente y no peces».

Dejaron todo para seguir a Jesús. Estos primeros discípulos eran Simón y su hermano Andrés, Santiago y su hermano Juan.

Consejos

Vale la pena visitar el mar de Galilea.

Imagínate las olas, el cielo azul, las colinas del horizonte. Sin embargo, es muy importante seguir el consejo de los habitantes locales y evitar las tormentas porque llegan sin previo aviso y pueden inundar las barcas.

La Biblia nos cuenta la historia de Jesús que le ordena a la tormenta que se detenga. Este evento solo puede clasificarse como un milagro y es poco probable que se repita.

Por las colinas de Galilea

Jesús solía viajar por las colinas de Galilea. Predicaba del reino de Dios por todas partes. Sus oyentes eran gente común y muchos de ellos se preguntaban el significado de su mensaje. Jesús les contaba historias con ejemplos del diario vivir para que ellos pudieran entender. Estas historias con un mensaje se llaman parábolas.

Busca el reino de Dios

«Que tu propósito en la vida sea ser parte del reino de Dios» —dijo Jesús. «Esto significa que debes hacer lo que Dios quiere que hagas».

«No te preocupes por la comida y el agua. Mira las aves. No siembran ni cosechan, pero Dios les da todo lo que necesitan».

«No te preocupes por la ropa. Presta atención a las flores silvestres. No hilan ni tejen, pero Dios las viste mejor que a un rey».

El sembrador

Un día, Jesús contó que un sembrador salió a sembrar. Algunas semillas cayeron en el camino y los pájaros y se las comieron. Otras cayeron entre las piedras. Éstas crecieron, pero el sol las secó porque sus raíces no penetraron la tierra. Otras cayeron entre espinosos arbustos y se atascaron. Otras cayeron en buena tierra y produjeron cosecha.

Jesús explicó esta parábola solamente a sus discípulos.

«Las semillas que cayeron en el camino son los que me oyen hablar acerca del reino. El maligno se aparece de inmediato y les roba lo que entendieron».

«Las semillas entre las piedras son los que oyen el mensaje y empiezan a vivir según el reino de Dios. Luego vienen los problemas y deciden abandonarlo todo».

«Las semillas entre los espinosos arbustos son los que oyen y quieren obedecer el mensaje. Pero por los problemas diarios y el deseo de más dinero se olvidan del mensaje».

«Las semillas que cayeron en buena tierra son los que oyen el mensaje y lo obedecen. Y producen buenos frutos».

El pastor

«Para ser parte del rebaño hay que entrar por la puerta» —dijo Jesús.

«El pastor va delante y sus ovejas lo siguen».

«Yo soy la puerta de mis ovejas» —dijo Jesús. «Yo soy el camino al rebaño de Dios».

«Y yo soy el buen pastor. Yo moriría para proteger a mis ovejas. Quiero reunir a todas mis ovejas en un gran rebaño».

Consejos

Las colinas de Galilea son hermosas en la primavera. Los campos de lino azul son también muy bellos.

Debes usar zapatos gruesos. Entre las flores silvestres hay algunas que tienen espinas muy puntiagudas.

Traza una ruta para que regreses antes de que oscurezca. Porque no solo hay chacales, zorros y lobos; también hay leopardos, osos o incluso algún león.

Arando la tierra

Aventando las semillas

Espinos

Aves

Piedras

Más allá de Galilea

En Galilea, Jesús dedicó la mayor parte de su tiempo en predicarle a su pueblo, los judíos. Sin embargo, también visitó otros lugares y habló del reino de Dios con gente que no era judía.

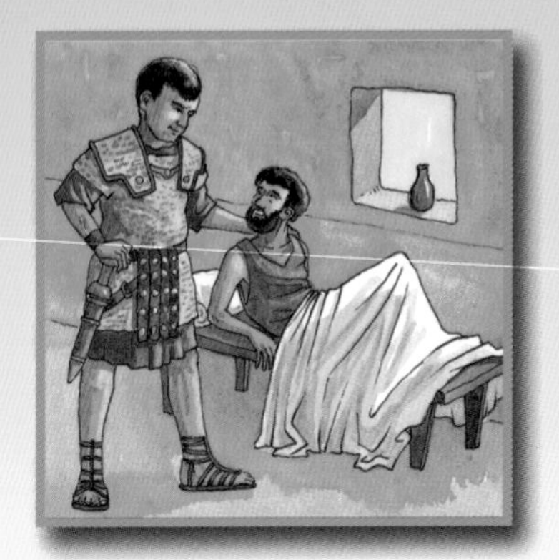

El soldado romano

En Capernaúm vivía un soldado romano. Jesús sanó al sirviente del soldado tan solo con decir que se sane.

Gádara

Cerca de Gádara, Jesús sanó a un hombre que sufría de lo que la Biblia llama «espíritus malignos». Jesús expulsó a estos espíritus malignos del hombre y los envió a un grupo de cerdos. Los cerdos salieron chillando y cayeron en el lago.

La mujer cananea

Una vez Jesús viajó al norte por las ciudades de la costa. Una mujer cananea le rogó que sanara a su hija, que sufría de una enfermedad mental. Jesús hizo el milagro y la sanó.

Cesarea de Filipo

Este lugar fue famoso por su altar pagano. Jesús lo visitó con sus discípulos y les preguntó: «¿Quién creen ustedes que soy yo?» Simón, apodado Pedro, le respondió. «Tú eres el Cristo, el Hijo del Dios vivo».

Magdala

Este pueblo a orillas del lago era el lugar de donde provenía María «Magdalena». Jesús la sanó y ella se convirtió en su devota seguidora.

El Monte Hermón

Sobre una gran montaña, tres discípulos de Jesús vieron su «transfiguración» —su rostro resplandeciente y junto a él a Moisés y otro profeta. Seguro que fue en el Monte Hermón.

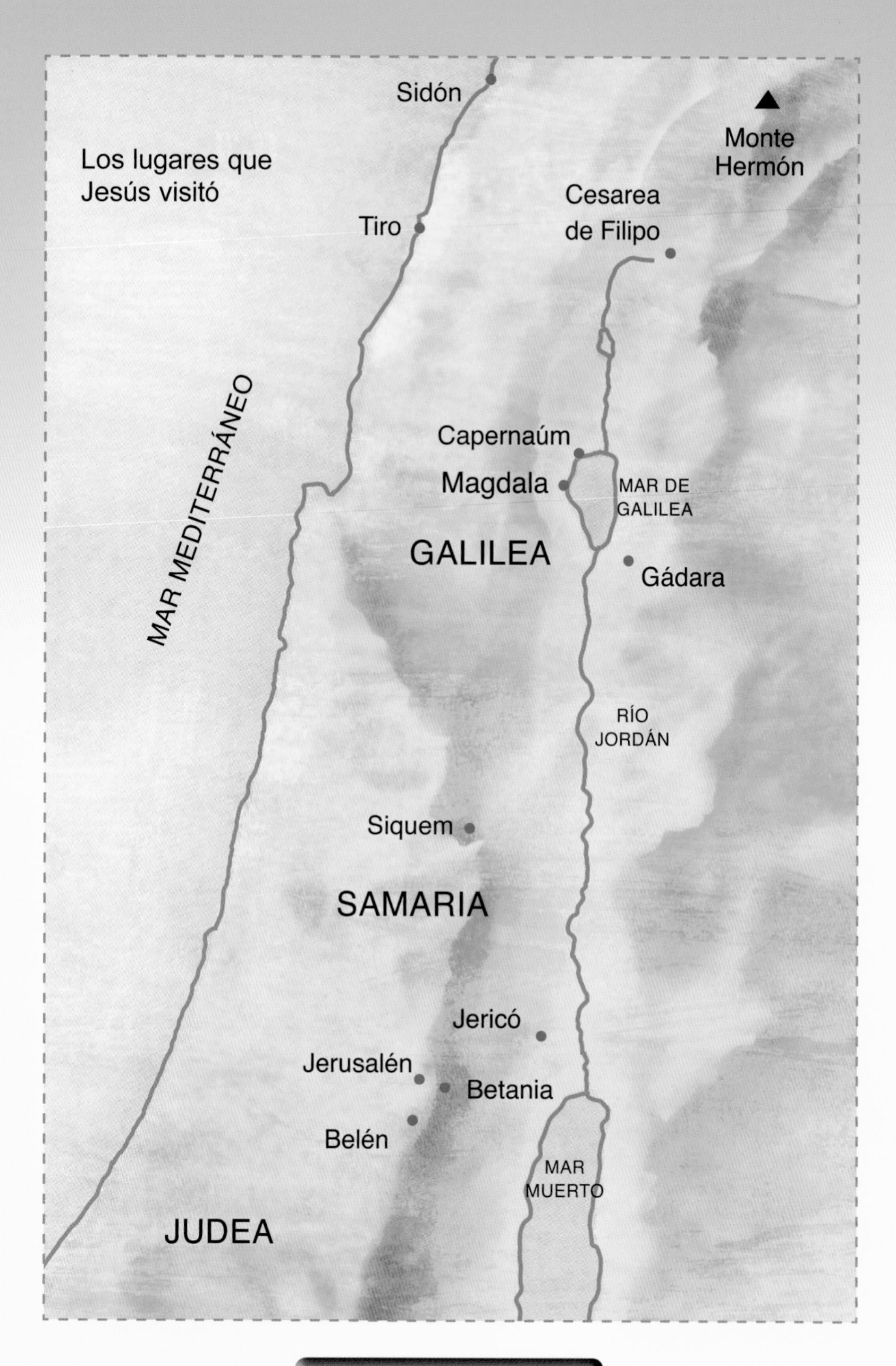

Consejos

Es relativamente fácil viajar por todos los lugares que Jesús visitó. Jesús predicó en una área como de 150 kilómetros de norte a sur, y menos de 50 kilómetros de este a oeste. Es impresionante que su predicación se haya expandido por todo el mundo.

Samaria

Jesús se encontró con una mujer en el pozo de Siquem. Ella se sorprendió que un judío como Jesús quisiera hablar con una mujer samaritana. Jesús le dijo a ella y a sus amigos que el tiempo se estaba cumpliendo cuando todos adorarían a Dios de la forma correcta.

Jericó

En Jericó, Jesús pidió que lo llevaran a la casa de un cobrador de impuestos llamado Zaqueo. Éste se había subido a un árbol para poder ver a Jesús. La gente estaba enojada porque sabían que Zaqueo era un sinvergüenza. Pero, lo que Jesús le dijo a Zaqueo hizo que decidiera corregir su vida.

En Betania como en casa

Betania es una villa a unos pocos kilómetros al este de Jerusalén. Allí vivían algunos amigos my cercanos a Jesús: las hermanas María y Marta, y Lázaro, hermano de ellas.

Lo más importante de todo

Un día, Jesús fue a visitar a las dos hermanas, que eran sus amigas. Marta se apuraba por tener todo listo para la visita. María sencillamente se sentó a oír lo que Jesús decía.

Marta se enojó. «¿No te importa que yo haga todo el trabajo?» —le dijo a Jesús quejándose. «Dile a María que venga a ayudarme».

«Pobre Marta» —dijo Jesús. «Te preocupas de demasiadas cosas, pero solo importa una cosa. María ha escogido hacer lo más importante de todo».

Lázaro

Tanto María como Marta tenían una preocupación. Su hermano Lázaro estaba enfermo. Pidieron que Jesús venga para sanar a su hermano.

Jesús no tuvo apuro en ir a ellas. Cuando llegó unos días después, Lázaro había muerto y había sido sepultado en una cueva.

«No tengas temor» —le dijo Jesús a Marta. «Yo soy la resurrección y la vida. Todos los que creen en mí, vivirán, aunque hayan muerto».

Pidió que abrieran la tumba. Entonces llamó a Lázaro, y éste salió de la tumba. ¡Un milagro!

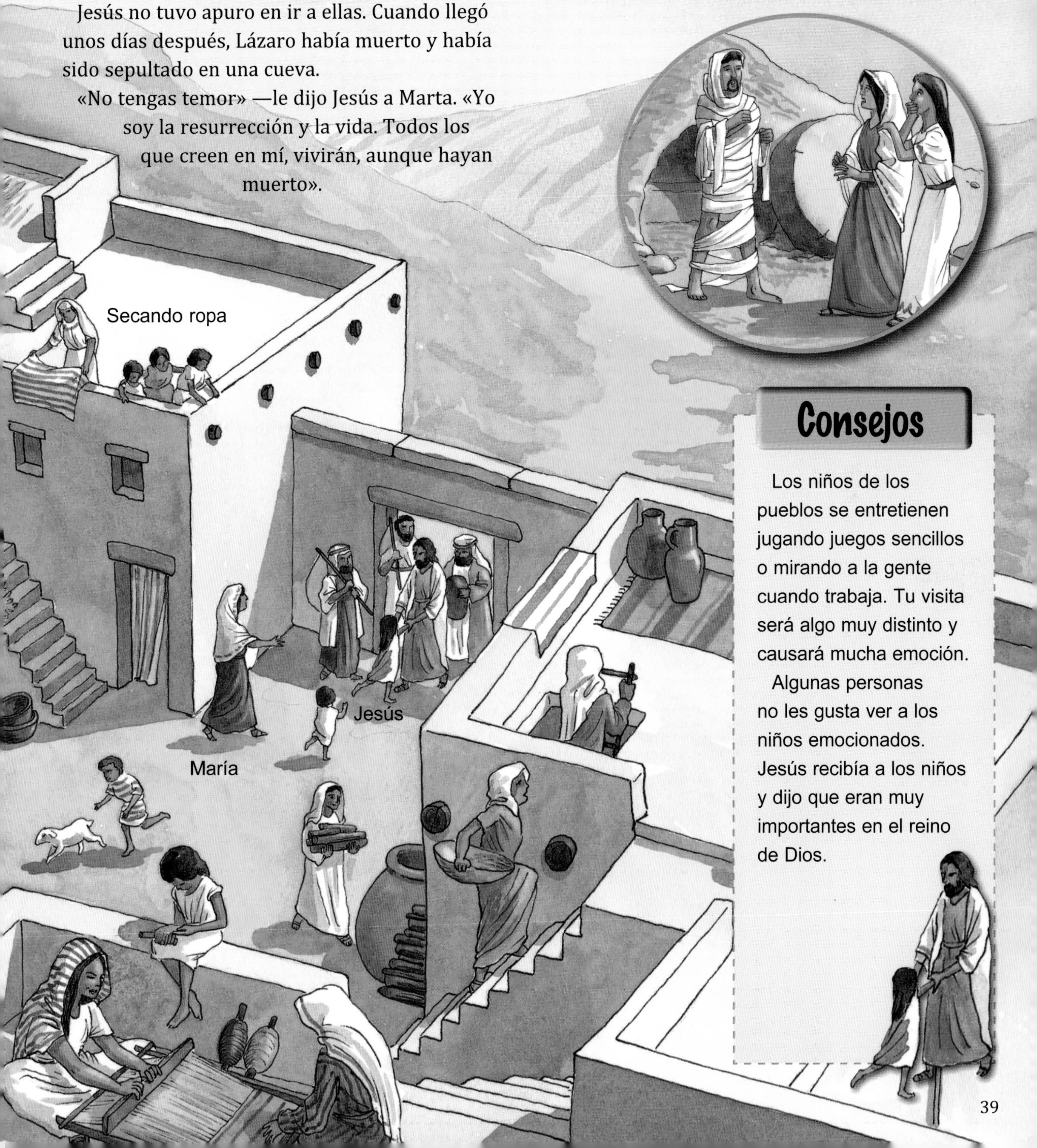

Consejos

Los niños de los pueblos se entretienen jugando juegos sencillos o mirando a la gente cuando trabaja. Tu visita será algo muy distinto y causará mucha emoción.

Algunas personas no les gusta ver a los niños emocionados. Jesús recibía a los niños y dijo que eran muy importantes en el reino de Dios.

Una semana en Jerusalén

Las enseñanzas de Jesús gozaban de popularidad entre muchos. Él decía que todo el que quisiera vivir como amigo de Dios sería bienvenido en el reino de Dios, incluso para los que eran despreciados por los demás.

Muchos de los líderes religiosos sospechaban de lo que decía Jesús. No sabían qué hacer con sus milagros y se preguntaban cómo los hacía.

Al final, tramaron deshacerse de él. Un discípulo de Jesús llamado Judas Iscariote los ayudó.

1 Jesús entró en Jerusalén montado en un burro. Muchos peregrinos llegaban para la Pascua. Una multitud lo recibió con hojas de palma, como si fuera un rey.

2 Jesús fue al templo y expulsó a los comerciantes del atrio. «Este lugar debe ser para las oraciones» —les dijo. Jesús pasó varios días predicando en el templo.

3 Una noche, Jesús y sus discípulos compartieron la cena de la Pascua en una habitación de un segundo piso. Uno de los discípulos, Judas Iscariote, dejó la reunión.

4 Jesús y sus discípulos pasaron la noche en un huerto de olivos conocido como Getsemaní. Judas regresó al huerto pero acompañado de un grupo de soldados.

5 Los soldados arrestaron a Jesús y lo llevaron a la casa del sumo sacerdote. Hubo un juicio contra Jesús durante la noche.

6 La mañana siguiente∫, que era viernes, los dirigentes religiosos llevaron a Jesús al gobernador Poncio Pilato. Éste condenó a Jesús a muerte.

7 Los soldados se llevaron a Jesús. Lo azotaron, se burlaron de él y le hicieron cargar una cruz.

8 Los soldados hicieron que Jesús lleve su cruz hasta el lugar donde lo ejecutarían: una colina fuera de la ciudad, que era conocida como el Calvario.

Getsemaní 4

Crucifican a Jesús

Los enemigos de Jesús lo arrestaron y lo llevaron al gobernador romano. Pilato no estaba totalmente convencido de que Jesús mereciera la pena de muerte, pero la multitud se lo pedía. Pilato les concedió lo que pedían para evitar disturbios. Mandó a sus soldados que crucifiquen a Jesús. Escribió un letrero que debía clavarse en la parte superior de la cruz. El letrero decía el supuesto crimen cometido: «Rey de los judíos».

Luego de que Jesús muriera, uno de sus seguidores llamado José, que era de Arimatea, pidió permiso a Pilato para enterrar el cuerpo. José mandó que Jesús sea enterrado en una nueva tumba cortada en la roca. Algunas de las mujeres que habían sido seguidoras de Jesús miraban cómo la piedra rodante sellaba la tumba.

Consejos

La ruta que Jesús tomó desde la Fortaleza Antonia hasta el lugar de la crucifixión es conocida como la Vía Dolorosa. Los peregrinos cristianos caminan en Jerusalén por esta ruta todos los viernes y van orando en varios lugares a lo largo del camino.

Las noticias vuelan

El sol se ocultó el viernes que Jesús fue crucificado. Empezaba el día sábado, de descanso. Temprano el domingo en la mañana, algunas mujeres fueron a la tumba. Una de ellas era María Magdalena.

La piedra había sido removida y la tumba abierta. El cuerpo había desaparecido. Unos ángeles les dijeron noticias asombrosas: Jesús está vivo.

Las calles de Jerusalén

Luego de la crucifixión los discípulos de Jesús estaban aterrorizados. Los soldados los buscaban y era peligroso salir a las calles de Jerusalén.

Entonces Jesús se les apareció. Les dijo que debían predicar el mensaje que él les había predicado antes. Dios los ayudaría.

Durante la fiesta de Pentecostés, sintieron que el poder de Dios descendía sobre ellos como un viento fuerte y fuego. Salieron a las calles a compartir el mensaje a todos los peregrinos de todos los rincones del imperio. Muchos de ellos decidieron seguir las enseñanzas de Jesús.

Pedro predica en Jerusalén

Pablo

Hubo un hombre llamado Pablo que estaba totalmente en contra de lo que predicaban los seguidores de Jesús y se esforzaba mucho por detenerlos. Un día, Pablo vio una luz brillante y oyó que Jesús le hablaba. Esta experiencia cambió su vida. Se unió al trabajo que los discípulos de Jesús habían iniciado. Empezó a predicar acerca de Jesús y su mensaje. Predicada tanto a judíos como a los que no eran judíos.

En Filipos, Pablo bautizó a una mujer llamada Lidia, que luego se reunía con creyentes en su casa.

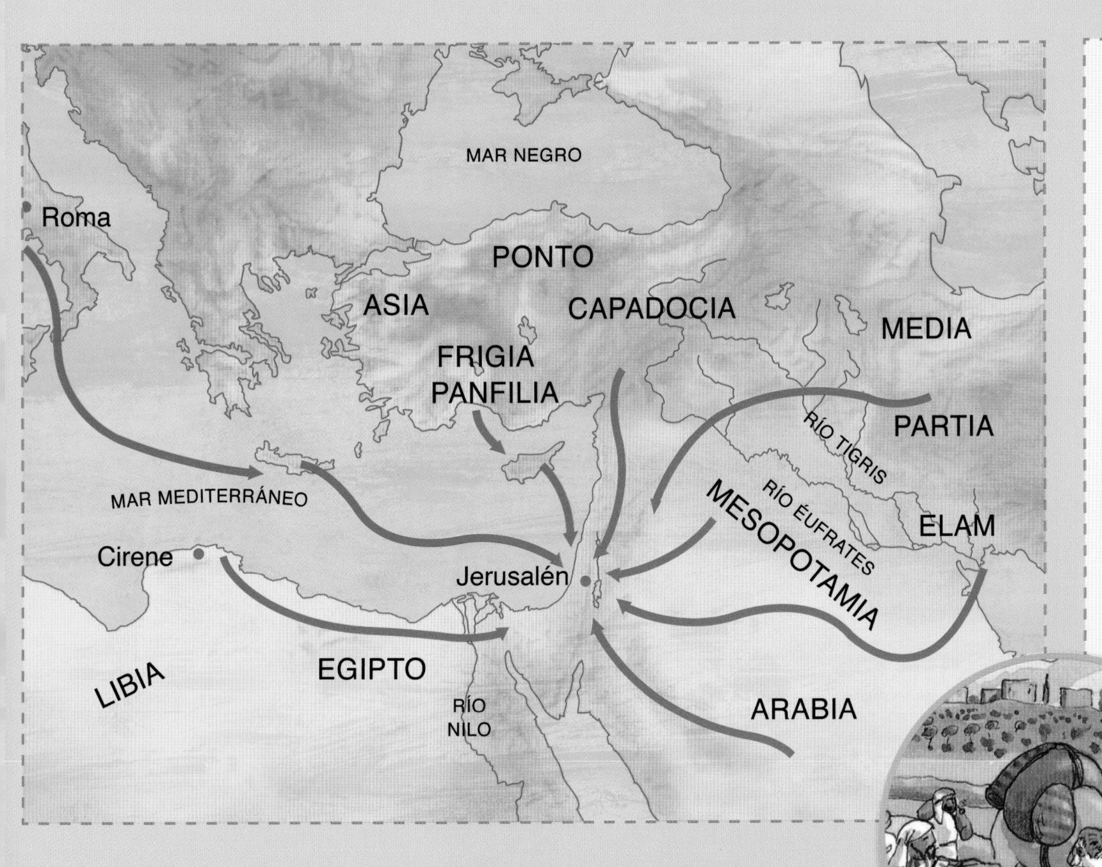

En Pentecostés había gente de todas estas partes del imperio

Consejos

Durante las fiestas religiosas en Jerusalén, verás peregrinos de todo el imperio y oirás muchos idiomas.

Es un milagro que los discípulos de Jesús pudieron predicar en estos idiomas el día de Pentecostés.

Todo el que desea viajar por el imperio necesita aprender griego. Es la *lingua franca* del imperio.

Por todo el imperio

Pablo se convirtió en un misionero para Jesús. Así como muchos de los seguidores de Jesús, Pablo viajó muy lejos para anunciar las buenas nuevas.

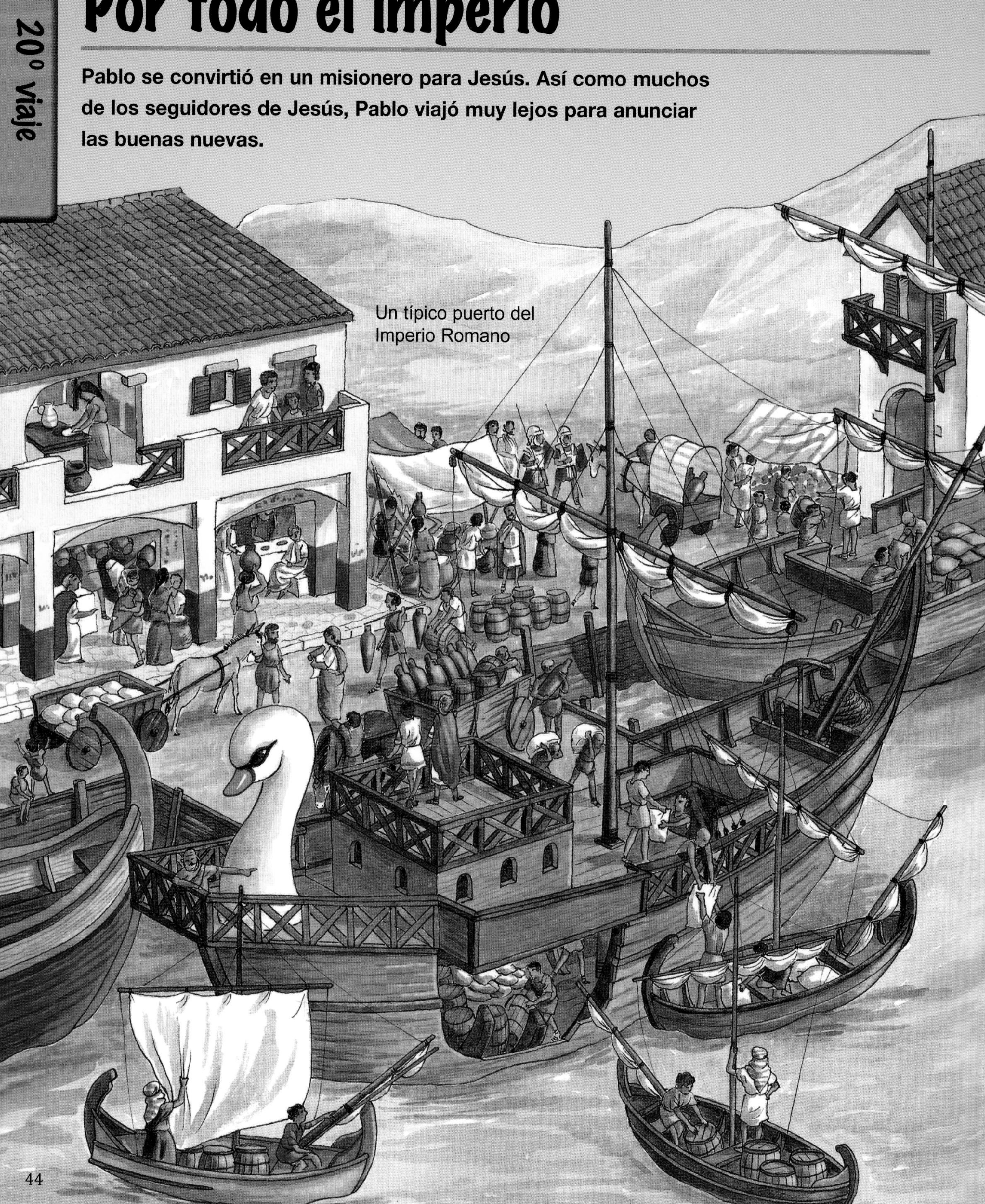

Las iglesias

Muy pronto aparecieron grupos de cristianos que se reunían como iglesia en muchos lugares: leían las escrituras, oían las historias de Jesús, cantaban y oraban. También compartían una cena sencilla para recordar las palabras que Jesús dijo a sus discípulos la noche antes de morir. Compartió pan con ellos y les dijo: «Este es mi cuerpo, quebrantado por ustedes». Compartió vino con ellos y dijo: «Esta es mi sangre, derramada por ustedes».

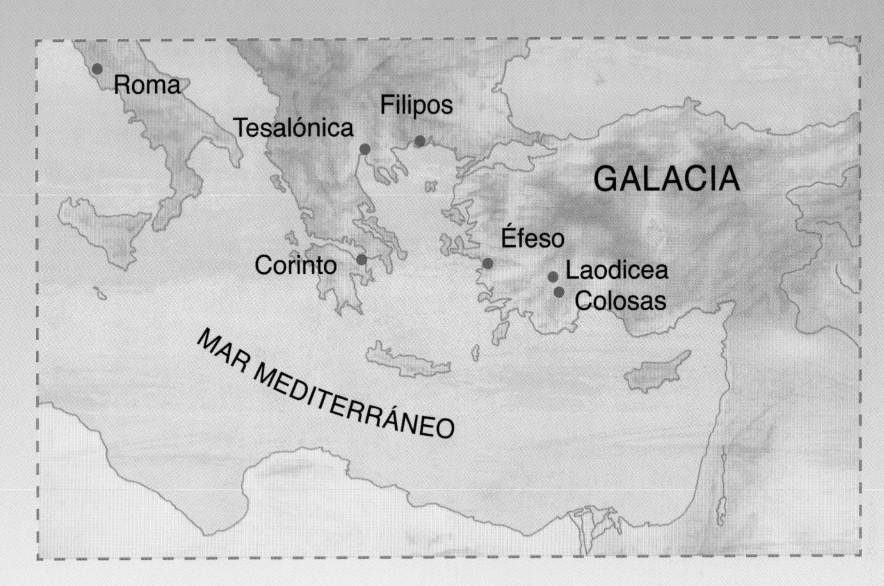

El viaje a Roma

La predicación de Pablo le causaba muchos problemas. El cristianismo no era una religión reconocida por el Imperio Romano y mucha gente desconfiaba. Al final, Pablo pidió que sea enviado a Roma para defender el cristianismo en la corte del emperador. De camino a Roma, el barco en que viajaba naufragó frente a las costas de Malta.

Pablo hizo que todos se calmaran y así pudieron nadar hasta la playa.

Pablo llegó a Roma. Allí tuvo que esperar mucho tiempo para que su caso sea atendido. Se dedicó a dictar cartas para que sean llevadas a sus amigos en las iglesias que él ayudó a establecer.

La tormenta destruyó la nave, pero todos se salvaron

Consejos

Es muy fácil viajar a las iglesias recién establecidas. El imperio romano tiene una red de caminos y buenas rutas marítimas.

índice de personas y lugares